Matthias Fiedler

Echiche nke Mmakọ Ewumewu Obibi Mwepụta Ọhụrụ: Ọrịre Ewumewu Obibi Dị Mfe

Mmakọ Ewumewu Obibi: Ọrịre ewumewu obibi na arụ ọrụ, dị mfe ma bụrụ nke ndị ọkachamara nwere ebe mmakọ ewumewu obibi mwepụta ọhụrụ

Nkọwapụta Mbipụta – Akara | Ọkwa Iwu

1.Usoro ka Mbipụta-Akwụkwọ | February 2017
(Ebipụtara ya izizi na Jaman, Disemba 2016)

© 2016 Matthias Fiedler

Matthias Fiedler
Erika-von-Brockdorff-Str. 19
41352 Korschenbroich
Germany
www.matthiasfiedler.net

Mbipụta na arụmọrụ:
Hụ akara n'ibe ikpeazụ

Nka Okwuchi: Matthias Fiedler
Onye Mepụtara Akwụkwọ-E ahụ: Matthias Fiedler

Echedoro ikikere niile.

ISBN-13 (Azụ akwụkwọ): 978-3-947184-85-9
ISBN-13 (Mobi akwụkwọ-E): 978-3-947184-09-5
ISBN-13 (epub Akwụkwọ-E): 978-3-947184-10-1

Ozi ndepụta akwụkwọ nke Deutsche Nationalbibliothek: Deutsche Nationalbibliothek na edekọ mbipụta a n'ime Deutsche Nationalbibliothek; data ndepụta akwụkwọ akọwapụtara nke ọma dị na Ịntanetị na http://dnb.d-nb.de.

NCHỊKỌTA

Akwụkwọ a na akọwa echiche mgbanwe ọhụrụ maka ebe mmakọ ewumewu obibi na gburugburu ụwa (ngwa) nwere mgbakọta nke ọrịre ahịa enwere ike ịnwetanwu (Ijeri Dollar), nke a na agwakọta na ngwanrọ ndị nnọchite ewumewu obibi gụnyere nnyocha ewumewu obibi (Ọrịre Trillion Dollar dị ike ịmepụta).

Nke a pụtara na ewumewu obibi nke ebe obibi na nke azụmahịa, ma nke onye nwe ya bi ma ọ bụ gbaziri, na enwere ike ịre ya n'ụzọ dị mma yana n'ụzọ na agaghị egbu oge. Ọ bụ ọdịnihu nke ọrịre ewumewu obibi mwepụta ọhụrụ na nke ọkachamara maka ndị nnọchite ewumewu obibi niile yana ndị nwe akụ. Mmakọ ewumewu obibi na arụ ọrụ n'imirikiti obodo niile ma n'ofe mba ndị ọzọ.

Kama "iwete" akụ n'ihu onye chọrọ ịme nzụta ma ọ bụ onye chọrọ ịme mgbaziri, iji ebe mmakọ ewumewu obibi, enwere ike ịkwalite (chọọ profaịlụ) ndị chọrọ ịme nzụta ma ọ bụ mgbaziri wee makọọ ma jikọọ ha n'akụ ndị enyere sitere na ndị nnọchite anya ewumewu obibi.

ỌDỊNAYA

MBIDO

Na 2011 elolo m ma bido echiche ahụ akọwara ebe a maka ụkpụrụ mmakọ ewumewu obibi mwepụta ọhụrụ.

Kemgbe 1998 esonyere m n'azụmahịa ewumewu obibi (gụnyere ọrịre ewumewu obibi, nzụta na ọrịre, nnyocha, mgbaziri, yana nrụpụta akụ). Ana m ere ụlọ (IHK), onye nchịkwa ewumewu obibi (ADI) yana ọkachamara enyere asambodo na nnyocha ewumewu obibi (DEKRA) yanakwa onye otu nke otu ewumewu amatara na gburugburu ụwa nke Royal Institution nke Chartered Surveyors (MRICS).

Matthias Fiedler
Korschenbroich, 10/31/2016
www.matthiasfiedler.net

1. Echiche nke Mmakọ Ewumewu Obibi Mwepụta Ọhụrụ: Ọrịre Ewumewu Obibi Dị Mfe

Mmakọ Ewumewu Obibi: Ọrịre ewumewu obibi na arụ ọrụ, dị mfe ma bụrụ nke ndị ọkachamara nwere ebe mmakọ ewumewu obibi mwepụta ọhụrụ

Kama "iwete" akụ n'ihu onye chọrọ ịme nzụta ma ọ bụ onye chọrọ ịme mgbaziri, iji ebe mmakọ ewumewu obibi, enwere ike ịkwalite (chọọ profaịlụ) ndị chọrọ ịme nzụta ma ọ bụ mgbaziri wee makọọ ma jikọọ ha n'akụ ndị enyere sitere na ndị nnọchite anya ewumewu obibi.

2. Ebumnuche nke Ndị Chọrọ ịme Nzụta ma ọ bụ Mgbaziri yana Ndị Mgbere Akụ

Site na echiche nke ndị na ere ewumewu obibi yana ndị nwe ụlọ, ọ dị mkpa ịre ma ọ bụ gbaziri akụ ha ọsọ ọsọ ma mee ya n'ọnụego kachasị enwere ike.

Site na echiche nke ndị chọrọ ịme nzụta na ndị chọrọ ịme mgbaziri, ọ dị mkpa ịchọta akụ ziri ezi iji rute mkpa ha ma nwee ike ịgbaziri ya ma ọ bụ zụta ya ozugbo na enweghị nhịahụ.

3. Ihe Ndị Emeburu maka Ọchụchọ Ewumewu Obibi

N'izugbe, ndị nzụta ma ọ bụ ndị mgbaziri ewumewu obibi na eji ebe ewumewu obibi dị n'ịntanetị buru ibu iji chọọ akụ na mpaghara ha masịrị. Ebe ahụ, ha nwere ike ịnwe akụ ma ọ bụ ndepụta nke njikọ ndị dị mkpa maka akụ ndị ezigara ha site na e-mail ozugbo ha tọlitere ntakịrị profaịlụ ọchụchọ. A na emekarị nke a n'ebe ewumewu obibi 2 ruo 3. Emechaa, a na akpọtụrụ onye mgbere ahụ site na e-mail. Dị ka nsonaazụ, onye ọrịre ahụ ma ọ bụ onye nwe ụlọ ahụ na enweta ohere na ikikere iji nweta ndị ahụ nwere mmasị.

Na mgbakwunye, ndị nzụta ma ọ bụ ndị mgbaziri na akpọtụrụ onye nnọchite anya ewumewu obibi na mpaghara ha, a na emepụtaa profaịlụ ọchụchọ maka ha.

Ndị nnweta ahụ nọ n'ebe ewumewu obibi na esi na ngalaba ewumewu obibi nke onwe yana nke azụmahịa. Ndị nnweta nke azụmahịa na abụkarị ndị nnọchite anya ewumewu obibi yana n'ụfọdụ oge ndị ụlọ ọrụ nrụpụta, ndị na ere ewumewu obibi yana ụlọ ọrụ ewumewu obibi ndị ọzọ (n'ederede a, a na ahụta ndị nnweta nke azụmahịa ka ndị nnọchite anya ewumewu obibi).

4. Nghọm nke Ndị Nnweta nke Onwe / Uru nke Ndị Nnọchite Anya Ewumewu Obibi

Ịnwe akụ ewumewu obibi maka ọrịre, ndị na ere n'onwe ha enweghị ike ịnwe nkwa nke ịre ozugbo. N'ọnọdụ nke akụ eketere ekete, dịka ịmaatụ, enwere ike agaghị enwe nkwekọrịta n'ime ndị nnọchi anya ma ọ bụ asambodo nke nketa nwere ike ị na efu. Na mgbakwunye, nsogbu iwu na edoghi anya dị ka ikike nke obibi nwere ike ịgbagwoju ọrịre ahụ.

Maka akụ mgbaziri, ọ nwere ike ịme na onye nwe ụlọ nke ya enwetabeghị ikike dị n'okpuru iwu, dịka ọmụmaatụ ndị achọrọ iji gbaziri oghere azụmahịa dị ka ebe obibi.

Mgbe onye nnọchite anya ewumewu obibi na arụ ọrụ ka onye nnweta, ọ kọwaala ihe niile ndị akọwaburu na mbụ. Ọzọkwa, akwụkwọ ewumewu obibi niile dị mkpa (atụmatụ ala, atụmatụ ebe ọrụ, asambodo ike, ndebanye aha, akwụkwọ ọkwa, wdg.) na adịkarị ọtụtụ oge. Dị ka nsonaazụ, enwere ike imezu ọrịre ma ọ bụ mgbazinye ahụ na enweghị nsogbu.

5. Mmakọ Ewumewu Obibi

Iji makọọ ndị nzụta ma ọ bụ ndị mgbazinye nwere mmasị n'aka ndị ọrịre ma ọ bụ ndị nwe ụlọ ọsọ ọsọ na enweghị nsogbu, ọ dị mkpa iso usoro ọkachamara yana nke atọrọ atọ.

A na eme nke a ebe a n'usoro (ma ọ bụ ụkpụrụ) gbadoro anya n'ụzọ ọzọ n'ụkpụrụ ọchụchọ na nchọta n'etiti ndị nnọchite anya ewumewu obibi na ndị nwere mmasị. Nke a pụtara na kama "iwete" akụ n'ihu onye chọrọ ịme nzụta ma ọ bụ onye chọrọ ịme mgbaziri, iji ebe mmakọ ewumewu obibi (ngwa), enwere ike ịkwalite (chọọ profaịlụ) ndị chọrọ ịme nzụta ma ọ bụ mgbaziri wee makọọ ma jikọọ ha n'akụ ndị enyere sitere na ndị nnọchite anya ewumewu obibi.

N'usoro izizi, ndị nzụta ma ọ bụ ndị mgbaziri na atọlite profaịlụ ọchụchọ pụrụ iche n'ebe mmakọ ebe obibi. Profaịlụ ọchụchọ a gụnyere ihe dị ka njirimara 20. Enwere ike ịgụnye njirimara ndị a (ọbụghị ndepụta zuru oke) dị mkpa maka profaịlụ ọchụchọ.

- Mpaghara / Koodu Nzimozi / Obodo
- Ụdị ihe
- Nha nke akụ
- Mpaghara obibi
- Ọnụego nzụta / mgbaziri
- Afọ ọrụrụ
- Akụkọ
- Ọnụọgụ nke ime ụlọ
- Agbazinyere (ee/mba)
- Okpuru ụlọ (ee/mba)
- Ilo/Ala (ee/mba)
- Ụzọ nke okpomọkụ
- Oghere ụgbọ ala (ee/mba)

Ihe dị mkpa ebe a bụ na ejighi aka wee tinye njirimara ndị ahụ kama na ahọpụtara ha site na ịpị ma ọ bụ imepe ogige ndị dị mkpa (dịka, ụdị akụ) site na ndeputa nke ohere/nhoro ndi ekpebigoro na mbu (maka udi aku: ulo akwubara iche iche, ulo otu ezinulo, nnukwu ulo ibu, ulo oru, wdg.).

O buru na achoro, ndi nwere mmasi nwere ike itolite profailu ochucho ndi ozo. Enwekwara ike imezi profailu ochucho ahu.

Na mgbakwunye, ndi nzuta ma o bu ndi mgbaziri ahu na etinye data mkpoturu zuru oke n'ogige ndi akowaputara. Ndi a gunyere aha nna, aha izizi, striiti, nomba ulo, koodu nzimozi, obodo, ekwenti, yana adreesi e-mail.

Na nke a, ndi nwere mmasi kwenyere ka akpoturu ha yana iji nwete aku ndi makoro site n'aka ndi nnochite anya ewumewu obibi.

Ndi nwere mmasi n'ebe a na abanyekwa na nkwekorita n'etiti onye na ahu maka ebe mmako ewumewu obibi ahu.

N'usoro na esote, a na eme ka profaịlụ ọchụchọ ahụ dị maka ndị nnọchite anya ewumewu obibi jikọrọ, anabeghị ahụ anya, site na ihu ọdịde programmụ ngwa (api) - dịka ọmụmaatụ nke yitere ihu ọdịde Jama "openimmo". Ekwesịrị ịmata ebe a na ihu ọdịde programmụ - bụ ihe kachasị mkpa maka ntinye ahụ - kwesịrị ịkwado ma ọ bụ kwee nkwa nnyefe gaa na ngwanrọ ewumewu obibi niile a na eji n'ọrụ ugbu a. Ọ bụrụ na nke a ekweghị, ekwesịrị ịme ka enwee ike ya site na nka na ụzụ. N'ihi na enweela ihu ọdịde programmụ eji n'ọrụ ugbu a, dị ka 'openimoo' akpọburu, yanakwa ndị ọzọ, ekwesịrị ịnwe ike ịnyefe profaịlụ ọchụchọ ahụ.

Ugbu a ndị nnọchite anya ewumewu ahụ na atụle profaịlụ ahụ n'etiti akụ ha dị n'ahịa ugbu a. Maka ebumnuche a, a na ebugo akụ ahụ n'ebe mmakọ ewumewu obibi ma tụlee ha ma jikọọ ha na njirimara ndị dị mkpa.

Ka emezuru ntụle ahụ, a na emepụta mkpesa na egosi mmakọ ahụ na pasentị. Bido na mmakọ 50%, a na eme ka ngwanrọ ndị nnọchite anya ewumewu ụlọ hụ profaịlụ ọchụchọ ahụ.

A na atụle njirimara iche iche ahụ n'etiti onwe ha (sistemụ akara) yabụ ka atụlechara njirimara ahụ, a na ekpebi pasenteji maka mmakọ (ọmụme nke mmakọ). Dịka ọmụmaatụ, a na ahụta njirimara "ụdị akụ" karịa njirimara "mpaghara obibi". Na mgbakwunye, enwere ike ịhọpụta na a ga-enweririị ụfọdụ njirimara (dịka okpuru ụlọ).

Na mmemme nke ịtụle njirimara maka mmakọ, ekwesịrị ịhụta na ndị nnọchite anya ewumewu obibi nwere naanị ike ịnweta mpaghara (etinyere akwụkwọ) ha masịrị. Nke a na ebelata mbọ maka ntụle data. Nke a kachasị mkpa ma ị chee maka ndị nnọchite anya ewumewu obibi na arụkarị ọrụ na mpaghara. Ekwesịrị ịmata ebe a na site na asịsa urụkpụrụ, enwere ike ịchekwa ma hazie nnukwu data.

Iji hụ na enwere ezigbo ọrịre ewumewu obibi, naanị ndị nnọchite anya ewumewu obibi na enweta ikike ịnweta profaịlụ ọchụchọ.

N'ebe a, ndị nnọchite anya ewumewu obibi na abanye na nkwekọrịta n'etiti onye na ahụ maka ebe mmakọ ewumewu obibi ahụ.

Ka emechara ntụle/mmakọ dị mkpa, onye nnọchite anya ewumewu obibi ahụ nwere ike ịkpọtụrụ onye nwere mmasị, na ntụgharị ndị ahụ nwere mmasị nwere ike ịkpọtụrụ ndị nnọchite anya ewumewu ahụ. Ọ bụrụ na onye nnọchite anya ewumewu obibi ezigala mkpesa n'aka onye nzụta ma ọ bụ onye mgbaziri ahụ, nke a pụtakwara na edekọrọ mkpesa mmemme ma ọ bụ oke nke onye nnọchite anya maka ego ewumewu obibi maka ọrịre ma ọ bụ mgbazinye emezuru.

Nke a bụ n'okpuru ọnọdụ na onye nwe akụ ahụ weghara ọrụ onye nnọchite anya ewumewu obibi ahụ (onye ọrịre ma ọ bụ onye nwe ụlọ) maka ndowe nke akụ ahụ ma ọ bụ na ha enwetala nkwenye iji wepụta akụ ahụ.

6. Oke nke Akwụkwọ Anamachọihe

Mmakọ ewumewu obibi akọwara ebe a na adị ire maka ịre na ịgbaziri ewumewu obibi na ngalaba ebe obibi na azụmahịa. Maka ewumewu obibi nke azụmahịa, achọrọ njirimara ewumewu obibi ndị ọzọ dị iche iche.

Enwekwara ike ịnwe onye nnọchite anya ewumewu obibi n'akụkụ nke ndị nzụta ma ọ bụ ndị mgbaziri, dị ka esi emekarị n'ọmụme, dị ka ọmụmaatụ ọ bụrụ na ndị ahịa nyere ya ego.

Maka mpaghara ala, ebe mmakọ ewumewu obibi dị n'imirikiri obodo niile.

7. Uru

Ụkpụrụ mmakọ ewumewu obibi a na eweta nnukwu uru maka ndị nzụta na ndị ọrịre, ma ha na achọ n'ime mpaghara nke ha (ebe obibi) ma ọ bụ na aga n'obodo ma ọ bụ mpaghara ọzọ maka ihe ndị metụtara ọrụ.

Naanị itinye profaịlụ ọchụchọ ha otu ugboro iji nweta ozi gbasara njirimara ndị makọrọ si na ndị nnọchite anya ewumewu obibi na arụ ọrụ na mpaghara amasịrị.

Maka ndị nnọchite anya ewumewu obibi, nke a na eweta nnukwu uru maka arụmọrụ na ịchekwa oge maka ọrịre ma ọ bụ mgbazinye ahụ.

Ha na enweta nchịkọta ozugbo nke ike ị dị mmepụta maka ndị nwere ezigbo mmasị gbasara akụ ọ bụla enyere ha.

Ọzọkwa, ndị nnọchite anya ewumewu obibi nwere ike izute otu ndị dị mkpa ha chọrọ, ndị chegoro maka akụ "nrọ" ha nke ọma n'ụkpụrụ nke ịtọlite profaịlụ ọchụchọ ha. Enwere ike ịkpọtụrụ ha, dịka ọmụmaatụ, site na izipu mkpesa ewumewu obibi.

Nke a na ewelite ogo nke mkpọtụrụ n'etiti ndị nwere mmasị ndị ma ihe ha na acho. Ọ na ebelatakwa ọnụọgụ nke nzụkọ ịlele akụ ga-esote, nke na ebelatakwa oge ọrịre maka akụ ndị a ga-ere.

Ka onye nzụta ma ọ bụ mgbaziri ahụ lelechara akụ ahụ a ga-ere, enwere ike imezu nkwekọrịta nzụta ma ọ bụ mgbazinye ahụ, dị ka ọdịnala n'ọrịre ewumewu obibi.

8. Mgbakọta Ịmaatụ (Dị Ike Mmepụta) - naanị ebe obibi na ụlọ ndị nwe ha bi (na enweghị ụlọ ndị ekere iche iche ma ọ bụ ụlọ ma ọ bụ ụlọ azụmahịa)

Ịmaatụ ndị a ga-egosi nke ọma ike nke ebe mmakọ ewumewu obibi.

Na mpaghara ala nwere ndị obibi 250,000, dị ka obodo nke Mönchengladbach (Germany), enwere - ihe ekpebiri - ebe dị ka ezinụlọ 125,0000 (ndị obibi 2 kwa ezinụlọ). Ọkara mkpebi nke oke nkwagharị bụ 10%. Nke a pụtara na ezinụlọ 12,500 na akwagharị kwa afọ. Atụleghị oke nke ịkwapụ na nkwabata maka Mönchengladbach. Ihe dị ka ezinụlọ 10,000 (80%) na achọ akụ mgbaziri ma ihe dị ka ezinụlọ 2,500 (20%) na achọ akụ maka ọrịre.

N'usoro nke mkpesa ahịa akụ sitere na otu ndụmọdụ maka obodo nke Mönchengladbach, enwere nzụta ewumewu obibi 2,613 n'ime 2012.

Nke a na akwado nọmba akpọburu na mbụ nke ndị nzụta 2,500. A ga-enwekwu ndị ọzọ, mana ọbụghị ndị nzụta niile chọrọ ịzụta ihe nwenwuru ike ịchọta akụ ha masịrị. Nọmba nke ndị nzụta nwere ezigbo mmasị - ma ọ bụ, maka, nọmba nke profaịlụ ọchụchọ - ka ekpebiri ga-arị ugboro abụọ ka ọkara nke oke nkwaghari nke ihe dị ka 10%, akpọrọ profaịlụ ọchụchọ 25,000. Nke a gụnyere mmemme na ezigbo ndị nzụta ahụ atọlitela ọtụtụ profaịlụ ọchụchọ n'ebe mmakọ ewumewu obibi.

Ọ dị mkpa ikwu na dabere n'ahụmịhe, ihe dị ka ọkara nke ezigbo ndị nzụta na ndị mgbaziri hụrụ akụ ha site na ịrụkọta ọrụ n'etiti onye nnọchite anya ewumewu obibi; na agbakọta ihe ruru ezinụlọ 6,250.

Ahụmịhe gara aga na egosikwa na opekata mpe 70% nke ezinụlọ niile chọgharịrị maka ewumewu obibi site na ebe ewumewu obibi dị na Ịntanetị, nke bụ mgbakọta nke ezinụlọ 8,750 (dapụtara na profaịlụ ọchụchọ 17,500).

Ọ bụrụ na 30% nke ezigbo ndị nzụta na ndị ọrịre niile, pụtara na atọlitere ezinụlọ 3,750 (ma ọ bụ profaịlụ ọchụchọ 7,500) profaịlụ ọchụchọ n'ebe mmakọ ewumewu obibi (ngwa) maka obodo dị ka Mönchengladbach, ndị nnọchite anya ewumewu obibi jikọrọ nwere ike ịnye akụ ndị dị mma maka ezigbo ndị nzụta site na profaịlụ ọchụchọ 1,500 akọwapụtara iche (20%) yana maka ezigbo ndị mgbaziri site na profaịlụ ọchụchọ 6,000 akọwapụtara iche (80%).

Nke a pụtara na ọkara ogologo oge ọchụchọ nke ọnwa 10 yana ọnụego ịmaatụ nke EUR 50 kwa ọnwa maka ntọlite profaịlụ ọchụchọ ọ bụla sitere n'aka ezigbo ndị nzụta ma ọ bụ ndị mgbaziri, na enwere ọrịre nke EUR 3,750,000 dị ike mmepụta kwa afọ site na iji profaịlụ ọchụchọ 7,500 maka obodo nwere ndị obibi 250,000.

Ịdọtịa nke a maka Germany niile nwere ọnụọgụ ndị mmadụ achịkọrọ na ndị obibi 80,000,000 (nde 80), nke a na adapụta na ọrịre nke EUR 1,200,000,000 (Ijeri EUR 1.2) dị ike mmepụta kwa afọ. Ọ bụrụ na 40% nke ezigbo ndị nzụta ma ọ bụ ndị mgbaziri niile chọrọ ewumewu obibi ha site na ebe mmakọ ewumewu obibi kama 30%, ọrịre dị ike mmepụta ga-agbagote na EUR 1,600,000,000 (Ijeri EUR 1.6) kwa afọ.

Ọrịre dị ike mmepụta na arụtụ aka naanị maka ụlọ ndị ekere iche iche yana ụlọ ndị nwe ha bi. Agụnyeghị akụ mgbaziri yana nchekwa ego dị na ngalaba ewumewu ebe obibi yana mgbakọta ngalaba ewumewu obibi azụmahịa n'ime mgbakọta nke ihe dị ike mmepụta a.

Ihe dị ka ụlọ ọrụ 50,000 na Germany n'azụmahịa ọrịre ewumewu obibi (gụnyere ndị nnọchite anya ewumewu obibi, ụlọ ọrụ nrụpụta, ndị na azụ ahịa ewumewu obibi, yana ụlọ ọrụ ewumewu obibi ndị ọzọ), na mkpebi ndị ọrụ 200,000 yana oke n'akụ nke 20% nke ụlọ ọrụ 50,000 ndị a, i jiri ebe mmakọ ewumewu obibi a nwere ọkara ikikere 2, nsonaazụ ahụ (ma itinye ọnụego ịmaatụ nke EUR 300 kwa ọnwa kwa ikikere) bụ ọrịre dị ike mmepụta nke EUR 72, 000,000 (Nde EUR 72) kwa afọ. Ọzọkwa, ọ bụrụ na amanye itinye akwụkwọ na mpaghara nke profaịlụ ọchụchọ mpaghara, enwere ike ịmepụtakwu mgbakwunye n'ọrịre gosipụtara nke ọma, dabere na nka ahụ.

Ịnwe nnukwu ndị ezigbo ndị nzụta na mgbaziri a nwere profaịlụ ọchụchọ pụrụ iche, ndị nnọchite anya ewumewu obibi agaghị enwe mkpa imelite ọdụ data nke ha - ọ bụrụ na ha nwere otu - nke ndị nwere mmasị. Na mgbakwunye, ọnụọgụ nke profaịlụ ọchụchọ dị ugbu a nwere ike ịgafe ọnụọgụ nke profaịlụ ọchụchọ nke ndị nnọchite anya ewumewu obibi mepụtara n'ọdụ data nke ha.

Ọ bụrụ na enwere ike iji ebe mmakọ ewumewu obibi mwepụta ọhụrụ a n'ọtụtụ obodo, ezigbo ndị nzụta si na Germany nwere ike, dịka ọmụmaatụ, mepụta profaịlụ ọchụchọ maka ụlọ ego ezumike na agwa etiti mediterranean nke Majorca (Spain) ma ndị nnọchite anya ewumewu obibi ejikọrọ na Majorca nwere ike igosi ụlọ ha ndị makọrọ maka ndị ahịa German site na e-mail. Ọ bụrụ na mkpesa ahụ dị na Spanish, ndị mgbaziri ugbu a na eji programmụ ntụgharị asụsụ dị na Ịntanetị iji tụgharịa asụsụ ederede ahụ ka ọ bụrụ German.

Iji nwee ike ịmanye mmakọ nke profaịlụ ọchụchọ n'akụ ndị dị na enweghị mgbochi asụsụ, enwere ike ịme ntụle nke njirimara dị iche iche n'ime ebe mmakọ ewumewu obibi ahụ dabere na njirimara (matematiks) ahaziri iche, na agbanyeghị asụsụ, a na ekenye asụsụ ahụ dị mkpa na ngwụcha.

Mgbe ị na eji ebe mmakọ ewumewu obibi n'akụkụ ụwa niile, ọrịre dị ike mmepụta akpọburu na mbụ (naanị maka ndị nwere mmasị n'ọchụchọ) adọtịrị na enweghị nhịahụ ga-adị otu a.

Ọnụọgụ gburugburu ụwa:
Ndị obibi 7,500,000,000 (Ijeri 7.5)

1. Ọnụọgụ ndị mmadụ n'obodo ndị mepere emepe yana obodo ndị mepere nnukwu:

   Ndị obibi 2,000,000,000 (Ijeri 2.0)

2. Ọnụọgụ ndị mmadụ n'obodo ndị apụta:

   Ndị obibi 4,000,000,000 (Ijeri 4.0)

3. Ọnụọgụ ndị mmadụ n'obodo ndị etolite:

   Ndị obibi 1,500,000,000 (Ijeri 1.5)

Ọrịre dị ike mmepụta kwa afọ maka Germany ka a na atụgharị ma dowe ya na ijeri EUR 1.2 nwere ndị obibi nde 80 site na iji ihe ndị echere eche maka obodo ndị mepere emepe, na apụta, na etolite etolite.

1. Obodo ndị mepere emepe: 1.0

2. Obodo ndị na apụta: 0.4

3. Obodo ndị na etolite: 0.1

Nsonaazụ ahụ bụ ọrịre dị ike mmepụta kwa afọ ndị a (Ijeri EUR 1.2 x ọnụọgụ ndị mmadụ (obodo ndị mepere emepe, na apụta, ma ọ bụ na etolite) / ndị obibi nde 80 x ihe).

1. Mepere emepe obodo:
   Ijeri   EUR   30.00
2. Na apụta obodo:
   Ijeri   EUR   24.00
3. Na etolite obodo:
   Ijeri   EUR   2.25
   Mgbakọta:
   Ijeri   EUR   56.25

9. Mmechi

Ebe mmakọ ewumewu obibi akọwara na enye uru ndị pụtara ihie maka ndị na achọgharị ewumewu obibi (ndị nwere mmasị) yana maka ndị nnọchite anya ewumewu obibi.

1. A na ebelata oge achọrọ maka ịchọ akụ dị mma maka ndị nwere mmasị n'ihi naanị ihe ha nwere ike ịme bụ ịmepụta profaịlụ ọchụchọ ha otu ugboro.

2. Onye nnọchite anya ewumewu obibi na enweta nchịkọta nlele nke ọnụọgụ nke ezigbo ndị nzụta ma ọ bụ ndị mgbaziri, gụnyere ozi gbasara mkpa ndị pụrụ iche (profaịlụ ọchụchọ).

3. Ndị nwere mmasị na enweta naanị akụ ha chọrọ ma ọ bụ makọrọ (dabere na profaịlụ ọchụchọ) sitere na ndị nnọchite anya ewumewu obibi niile (dị ka nhọpụta na akpaghị aka).

4. Ndị nnọchite anya ewumewu obibi na ebelata mbọ ha iji jikwaa ọdụ data nke ha nke profaịlụ ọchụchọ n'ihi ọtụtụ profaịlụ ọchụchọ dị ugbu a dị kpamkpam.

5. Ebe ọ bụ naanị ndị nnweta azụmahịa/ndị nnọchite anya ewumewu obibi jikọrọ n'ebe mmakọ ewumewu obibi, ezigbo ndị nzụta ma ọ bụ ndị mgbaziri nwere ike ịrụkọta ọrụ n'etiti ndị nnọchite anya ewumewu obibi ma ihe ha na eme.

6. Ndị nnọchite anya ewumewu obibi na ebelata ọnụọgụ nke nzụkọ nlele ha yana nchịkọta oge azụmahịa. Na mweghachite, ọnụọgụ nke nzụkọ nlele maka ezigbo ndị nzụta ma ọ bụ ndị mgbaziri na ebelata yanakwa oge maka nkwekọrịta ma ọ bụ nnyefe nzụta emezugoro.

7. Ndị nwe akụ ndị ahụ a ga-ere ma ọ bụ gbazinye na ebelatakwa oge. Enwekwara elele ego ndị ọzọ, iji obere oge dị maka akụ mgbazinye yana akwụmụgwọ nzụta

emere ngwangwa maka akụ dị maka ọrịre
dị ka nsonaazụ nke mgbazinye ma ọ bụ
ọrịre gara ọsọ ọsọ.

**Site na ịmanye echiche a na mmakọ ewumewu
obibi, enwere ike ịnweta ọganihu pụtara ihie
n'ọrịre ewumewu obibi.**

10. Ịgwakọta Ebe Mmakọ Ewumewu Obibi n'ime Ngwanrọ Ndị Nnọchite Anya Ewumewu Obibi Ọhụrụ Gụnyere Nnyocha Ewumewu Obibi

Dị ka okwu ntụkwasa ikpeazụ, ebe mmakọ ewumewu obibi akọwara ebe a nwere ike ịbụ ihe dị mkpa nke asịsa ngwanrọ ndị nnọchite anya ewumewu obibi - ọhụrụ dị na gburugburu ụwa niile site na isi mbido. Nke a pụtara na ndị nnọchite anya ewumewu obibi nwere ike iji ebe mmakọ ewumewu obibi na mgbakwunye nke asịsa ngwanrọ ndị nnọchite anya ewumewu obibi ha dị adi, ma ọ bụ jiri asịsa ngwanrọ ndị nnọchite anya ewumewu obibi gụnyere ebe mmakọ ewumewu obibi.

Site na ịgwakọta ebe mmakọ ewumewu obibi mwepụta ọhụrụ a, na arụ ọrụ n'ime ngwanrọ ndị nnọchite anya ewumewu obibi ọhụrụ, a na emepụta otu akara ọrịre pụrụ iche maka ngwanrọ ndị nnọchite anya ewumewu obibi ga-adị maka ịbanye n'ahịa.

Ebe nnyocha ewumewu obibi bụ ma ga-abụgide ihe ndị mkpa na ndị nnọchite anya ewumewu obibi, ngwanrọ ndị nnọchite anya ewumewu obibi ga-enwerịrị ngwaọrụ nnyocha ewumewu obibi agwakọtara. Nnyocha ewumewu obibi ahụ nwere ụzọ mgbakọta na esote nwere ike ịnweta oke data ndị dị mkpa site na akụ ndị nnọchite anya ewumewu obibi tinyere/chekwara. Otu aka ọzọ, onye nnọchite anya ewumewu obibi nwere ike imezu maka oke na efu site na iji nka ahịa mpaghara nke ya.

Ọzọkwa, ngwanrọ ndị nnọchite anya ewumewu obibi kwesịrị ịnwe nhọrọ nke ịgwakọta nghọrọ ndughari ewumewu obibi nke akụ ndị dị. Enwere ike ịmanye nke a site na ịrụpụta ngwa ọzọ maka ekwentị mkpanaka na/ma ọ bụ tabletị nwere ike ịdekọ wee gwakọta ma ọ bụ kpokọta nghọrọ ndughaṛị ewumewu obibi ahụ - bụkariṛị na akpaghị aka - n'ime ngwanrọ ndị nnọchite anya ewumewu obibi.

Ọ bụrụ na agwakọtara ebe mmakọ ewumewu obibi ahụ na arụ ọrụ dị ọhụrụ n'ime ngwaọrụ ndị nnọchite anya ewumewu obibi ọhụrụ yana ọnụahịa ewumewu obibi, ọrịre nwere ike ịdị na agbagote ọzọ.

Matthias Fiedler

Korschenbroich, 10/31/2016

Matthias Fiedler

Erika-von-Brockdorff-Str. 19

41352 Korschenbroich

Germany

www.matthiasfiedler.net